# DE LA
# LOCALISATION

## AU GREFFE DE L'ARRONDISSEMENT NATAL,

### DES

# RENSEIGNEMENS JUDICIAIRES

CONCERNANT CHAQUE CONDAMNÉ;

Au triple point de vue de la Répression des Crimes et Délits,
de la pureté des Listes électorales et du Jury,
et de la Moralisation sociale;

## Par A. Bonneville,

PROCUREUR DE LA RÉPUBLIQUE PRÈS LA COUR D'ASSISES
DE SEINE-ET OISE ET LE TRIBUNAL CIVIL DE VERSAILLES.

---

**Versailles,**

CHEZ DUFAURE, IMPRIMEUR-LIBRAIRE DE LA PRÉFECTURE,
Rue de la Paroisse, n.º 21.

—

**1849.**

# DE LA LOCALISATION

AU GREFFE DE L'ARRONDISSEMENT NATAL,

## DES RENSEIGNEMENS JUDICIAIRES

Concernant chaque Condamné ;

Au triple point de vue de la Répression des Crimes et Délits,
de la pureté des Listes électorales et du Jury,
et de la Moralisation sociale.

------———◦◦◦◦◦———------

> « Quand vous aurez trouvé la vérité,
> « ne craignez pas de creuser, vous n'ar-
> « riverez qu'à des conséquences justes
> « et fécondes !
>
> MONTESQUIEU.

En dehors des grands principes constituans dont se préoccupe en ce moment l'opinion publique, il est un certain nombre d'idées secondaires qui, pour être moins propres à passionner les intelligences, n'en sont pas moins utiles, moins fécondes, moins indispensables au succès de nos nouvelles institutions.

Parmi celles de ces idées que leur opportunité semble signaler davantage à l'attention des esprits sérieux, j'en choisis une qui, par sa nature, rentre plus particulièrement dans le cercle des méditations journalières du ministère public ; je veux parler de *la nécessité de* LOCALISER *désormais au greffe de l'*ARRONDISSEMENT NATAL *tous les renseignemens judiciaires concernant chaque condamné.*

Qu'on me permette de démontrer aussi rapidement,

aussi simplement que possible les précieuses conséquences de cette mesure, j'oserai même dire son incontestable urgence, au triple point de vue :

De *la répression des crimes et délits*,

De *la pureté des nouvelles listes électorales et du jury*,

Et de *la moralisation sociale*.

# I.

## DE LA LOCALISATION DES RENSEIGNEMENS JUDICIAIRES, AU POINT DE VUE DE LA RÉPRESSION.

La justice humaine n'est légitime que parce qu'elle est le reflet et la délégation de la justice de Dieu.

Or, le principal caractère de la justice divine, c'est le *discernement des moralités*.

« Elle traitera, dit-elle, chacun *selon ses œuvres.* »

Cette prophétique formule doit être ici-bas la loi suprême de notre justice répressive.

En effet, pour que la peine soit efficace, il faut qu'elle soit proportionnée non-seulement à la gravité intrinsèque du méfait, mais surtout au degré relatif de perversité et d'incorrigibilité du coupable. « *Maliciâ crescente augeri debet pœna* (1). »

D'ailleurs, s'il est vrai que la culpabilité ou pour mieux dire, que la raison de punir réside spécialement dans *l'alarme* que le crime cause à la société (2), quelles circonstances peuvent être plus éminemment aggravantes que le caractère dépravé du délinquant, que sa mauvaise renommée, que ses habitudes d'infraction aux lois, en un mot, pour parler le langage du palais, que ses *mauvais antécédens judiciaires ?...*

Après avoir pesé le délit, le juge pèse l'homme ; et suivant le poids combiné de ces deux élémens essentiels

----

(1) L. *Si diuturno*, et ibi, Gloss. ff. de *pœnis*.
(2) Bentham, *des Peines et des Récompenses.*

d'appréciation, il élève ou abaisse la peine que réclame la société. « *Consideranda est persona nocentis* (1). »

C'était là, sous le droit romain, une vérité sainte et immuable comme la justice elle-même et qui, de toute antiquité, n'avait cessé de dominer la législation pénale. « *Majores nostri*, disait le législateur, *severiùs famosos homines, quam integræ vitæ punierunt* (2). »

Mettez en oubli ce grand principe, séparez le crime de la personne du coupable, la répression perd sa règle et son flambeau; elle est en quelque sorte matérialisée, infligée au *fait* plutôt qu'à l'*agent;* alors le citoyen jusque-là honnête et l'homme le plus profondément perverti, confondus sous une aveugle appréciation, se trouvent livrés à l'inique égalité d'un même châtiment; en d'autres termes, l'arbitration de la peine devient impossible, et les décisions de la justice n'ont plus ce cachet d'équité distributive, ce nerf de suffisance et d'efficacité qui doivent être le propre d'une justice ferme, libérale et éclairée!

Notre loi française n'a eu garde de méconnaître cette notion élémentaire de toute justice répressive. Aussi voyons-nous que d'une part, elle confère au juge un arbitraire presqu'absolu d'*indulgence,* en cas de circonstances *atténuantes* (3); et que de l'autre, elle prononce des *aggravations* graduées de peine à l'encontre des *repris de justice.* (4).

Malheureusement, il faut le dire, la seconde de ces salutaires prescriptions reste la plupart du temps frappée d'insuffisance ou de nullité en présence des difficultés sinon insurmontables, du moins jusqu'à ce jour *insurmontées* de l'application.

---

(1) L. 28, ff. 16, callist. lib. vi.
(2) L. 28, ff. 16, callist. lib. vi.
(3) Art. 463 C. P.
(4) Art. 56 et suiv. *ibid.*

En vain les instructions itératives du Gouvernement ont-elles recommandé au ministère public « *de redoubler de soins pour connaître les* ANTÉCÉDENS *des inculpés, afin de faire mieux apprécier leur* MORALITÉ *par les juges et les jurés chargés de statuer sur leur sort* (1) » ; s'il est un fait constant dans la pratique judiciaire, c'est que jamais aucun tribunal ne connaît *avec certitude* les antécédens des coupables traduits à sa barre.

Cette base fondamentale d'appréciation manque, à cette heure encore, à notre justice répressive !

C'était en vue de l'obtenir que notre première République avait créé un ministère de la *police générale*, ayant action et surveillance sur toute l'étendue du territoire (2).

C'était dans le même but que le code de 1808 avait prescrit la formation (aux ministères de la Justice et de l'Intérieur), d'un double *dépôt général* des arrêts et jugemens rendus par les cours et tribunaux de l'Empire (3), dépôt où la justice pût au besoin puiser, avec sûreté et promptitude, tous renseignemens sur *les condamnations antérieures* des inculpés.

« Ainsi, disait l'orateur du Gouvernement, un *contrôle général* sera établi à Paris, pour *la facilité des recherches* ; et les deux ministères les plus intéressés à la poursuite et à la répression des méchans, LA POLICE, qui les recherche et les arrête, LA JUSTICE, qui les frappe, trouveront dans une désolante biographie, *la statistique exacte de tous*

---

(1) *Stat. crim.*, de 1836, rapp. p. 15.

(2) Loi du 12 nivôse an IV.

(3) On sait qu'à cet effet les greffiers des tribunaux sont tenus, sous diverses amendes, d'adresser tous les trois mois, aux Ministres de la Justice et de l'Intérieur, une copie de leurs registres pour toutes les condamnations à l'emprisonnement et à plus forte peine.

De leur côté, ces deux Ministres doivent faire tenir, dans la même forme, un *registre général*, composé de ces diverses copies ( art. 600 et suiv. du code d'instruction criminelle ).

*les crimes*, et LA STATISTIQUE PERSONNELLE AUSSI EXACTE DE TOUS LES CRIMINELS. »

C'était là une grande et admirable conception qui devait puissamment contribuer à la bonne administration de la justice !

Pourquoi faut-il que, comme tant d'autres mesures utiles, elle soit restée stérile en face de quelques légères difficultés d'exécution !

Depuis ce jour, et grâce à l'infatigable exactitude des greffiers, l'autorité était bien parvenue à concentrer, sous sa main, l'immense et indigeste amas de toutes les condamnations émanées des tribunaux; mais faute d'un mode facile et prompt de *recherche*, ces innombrables documens réunis avec tant de frais et de travail, demeurèrent ensevelis dans les archives du Gouvernement, comme dans de vastes catacombes, sans nul profit pour l'ordre et la sécurité publique.

Ce n'est qu'en 1833, qu'on imagina d'appliquer à la recherche des condamnations le moyen, dès long-temps connu, des *tables mobiles perpétuelles*, formées à l'aide de *bulletins individuels*, classés suivant l'ordre alphabétique.

Ce mode ingénieux fut essayé avec un plein succès dans le bureau des sommiers de la Préfecture de police ; et depuis cette époque, il n'a pas cessé de fonctionner avec une parfaite régularité. C'est aux renseignemens fournis chaque jour par ce bureau, que l'on doit en partie l'action si rapide et si sûre de la répression dans le département de la Seine.

Mais j'ai hâte d'ajouter que l'organisation actuelle de ce bureau, suffisante pour le service judiciaire de la Seine et des départemens adjacens, est complètement impuissante à pourvoir aux exigences journalières du service des cours et tribunaux des départemens.

J'avais, dès l'année 1841, signalé à la sollicitude du dernier gouvernement un moyen simple, facile, économique, d'organiser à Paris, suivant le vœu des législateurs de l'an IV, un *vaste dépôt* GÉNÉRAL ET CENTRAL *des documens judiciaires*, VÉRITABLEMENT ACCESSIBLE *à tous les tribunaux de la France et de l'Algérie* (1).

Mais alors, on le sait, les plus inoffensives pensées de de progrès devaient s'arrêter devant l'invincible obstination d'une immobilité systématique!

Aussi, ce mode nouveau, bien qu'accueilli et exalté par les publicistes français et étrangers (2), ne parvint-il point à frapper l'oreille inattentive du pouvoir.

Il n'en pouvait être ainsi sous le régime actuel; et, si je suis bien informé, cette innovation aurait enfin paru mériter la faveur d'un examen sérieux et approfondi.

Il serait digne, en effet, du gouvernement républicain, qui s'est institué au cri de la *réforme;* qui a promis satisfaction à toutes les idées de vrai progrès; qui doit surtout

---

(1) Ce moyen consiste à répartir entre tous les greffiers des tribunaux repressifs la *confection* des bulletins individuels de condamnation, aujourd'hui concentrée au bureau des sommiers judiciaires de la préfecture de police ; en telle sorte que ce bureau, ainsi déchargé de l'immense travail de cette confection, et n'ayant plus qu'à classer les bulletins individuels qui lui arriveraient *tout faits*, pourrait *généraliser* son service et facilement suffire à la *recherche* et à l'*envoi* des renseignemens demandés par tous les tribunaux de la France et de l'Algérie.

Du reste, cette charge nouvelle pourrait être imposée aux greffiers, sans surcroit de dépense pour l'Etat, en supprimant à leur profit une des *deux copies* du registre des condamnations que lesdits greffiers sont tenus d'adresser tous les trois mois au Gouvernement, conformément à l'article 600 du Code d'Instruction criminelle. (*Voir*, au surplus, les développemens donnés sur ce sujet, dans mon *Traité de la récidive*, T. 1.ᵉʳ, pag. 121 et suiv.)

(2) *Revue étrangère de Législation,* juillet 1841. — *Dalloz*, novembre 1840. — *Journal du Palais*, février 1844. — *Revue d'Heidelberg*, 1842. — *Journal des Débats*, 19 décembre 1840. — *Moniteur universel*, 19 février 1841, 16 janvier 1844. — *Journal le Droit*, 17 décembre 1840 et 12 juillet 1842. — *Revue de Législation*, janvier 1841. — *Van-Hoorebeke, de la Récidive*, Gand, 1846.

plus qu'aucun autre gouvernement, éclairer et fortifier l'action de la justice, il serait, dis-je, digne de sa haute sagesse, de réaliser enfin cette importante mesure d'ordre et de sécurité !

S'il en doit être ainsi, je serai heureux que mes études sur ce grave sujet, aient pu offrir aux méditations du législateur quelques vues utiles !

Toutefois, telle parfaite qu'on puisse rendre à l'avenir, l'organisation du *dépôt général des notices*, établi à Paris, il est évident que le travail de *recherche* et *d'envoi* des renseignemens demandés sera toujours moins facile et moins rapide, concentré sur un seul point, que si l'on parvenait à le *diviser*, en organisant en même temps, autant de dépôts partiels que nous avons d'arrondissemens administratifs et judiciaires

D'ailleurs, si l'on songe qu'il suffit d'un audacieux coup de main, tenté par quelques malfaiteurs insurgés, ou même d'un simple accident, pour anéantir ces précieuses collections alphabétiques, on comprendra l'indispensable nécessité de créer un second foyer de renseignemens identiques, lequel, par sa dissémination même, soit à l'abri de toute chance de destruction.

C'est en vue de cette double exigence de la repression, et de plus aussi, dans l'intérêt de la pureté des listes électorales et du jury, dans l'intérêt de la moralisation sociale, que je viens aujourd'hui proposer un nouveau moyen, non moins simple que le premier, de rendre aussi prompte qu'infaillible la recherche des antécédens judiciaires.

Ce moyen, le voici :

Le lieu de *naissance* de chaque citoyen est un renseignement au sujet duquel il est difficile, pour ne pas dire impossible, de tromper l'autorité, puisque des registres authentiques sont là, dans chaque mairie, qui peuvent, à cet égard, contrôler sur-le-champ les indications données.

Aussi trouvons-nous dans la dernière statistique criminelle ce fait remarquable, que, sur 6,685 accusés jugés en 1845, il n'en est pas *un seul* dont la justice n'ait exactement connu le lieu de naissance. (1).

M'appuyant sur cette donnée incontestable : que le lieu de naissance de tout citoyen est généralement connu ou facile à connaître, je voudrais qu'on insérât au Code d'Instruction criminelle un article ainsi conçu :

« *Aussitôt qu'une condamnation à l'emprisonnement ou à plus forte peine, sera devenue définitive, les greffiers des cours et tribunaux seront tenus, sous peine d'une amende de 5 francs par chaque omission* (2), *d'adresser, suivant la forme et les dimensions* (3) *prescrites, un extrait de ladite condamnation au greffe du tribunal civil du* LIEU DE NAISSANCE *du condamné* (4).

« *Pareil envoi sera fait, sous la même peine, de tous mandats d'amener ou d'arrêt, ordonnances de prise de corps, jugemens ou arrêts concernant les prévenus ou accusés* CONTUMACES (5), *et généralement de toute décision judiciaire emportant* INCAPACITÉ CIVIQUE.

---

(1) *Stat. de* 1845, p. 31.

(2) On a remarqué que, grâce à la pénalité d'amende portée par l'art. 601 du Code d'Instruction criminelle, les greffiers n'ont jamais cessé de faire, avec une ponctuelle exactitude, les envois du relevé des condamnations, exigé par ledit article et les suivans.

(3) L'uniformité rigoureuse de la dimension est indispensable pour faciliter le classement et les recherches.

(4) Les Français nés en pays étrangers et les étrangers naturalisés Français, seraient tenus de faire, en France, élection d'une commune d'origine, sur les registres de laquelle seraient transcrits leur acte de naissance ou de naturalisation.

Chaque citoyen français d'origine indigène ou étrangère aurait ainsi en France sa commune de *naissance* réelle ou adoptive.

(5) On verra ci-après l'extrême importance de cette prescription relative aux contumaces.

« *Ces extraits et mandats* (1) *seront classés au greffe par ordre alphabétique ; il en sera délivré copie certifiée à toute réquisition de l'autorité.* »

On voit que par l'exécution de cette simple disposition, on finirait par posséder au greffe de chaque arrondissement, en regard des actes de l'ÉTAT CIVIL des citoyens originaires dudit arrondissement, la collection incessamment complète des actes de leur ETAT CRIMINEL.

Cette nouvelle institution ainsi organisée, chacun comprend l'immense parti qu'on en pourrait tirer tout d'abord *dans l'intérêt de la répression des crimes et délits.*

Dès qu'un citoyen serait poursuivi sur un point quelconque du territoire continental ou de l'Algérie, la justice, au lieu de se voir, comme aujourd'hui, livrée aux hasards ou aux lenteurs d'investigations vagues et incertaines, pourrait, en s'adressant de prime saut, au greffe de l'*arrondissement natal*, être, à l'instant même (2), exactement et complètement renseignée sur tous les antécédens judiciaires de l'inculpé.

Et si, comme il arrive fréquemment, l'inculpé avait pris un *faux nom*, ou, ce qui n'est pas moins fréquent, avait usurpé le nom d'*autrui*, il serait très-facile, soit par la compulsation des actes de l'état civil, soit par les procédés de vérification dont j'ai ailleurs (3) démontré l'efficacité, de constater sa fraude et, par suite, de l'obliger

---

(1) Inutile de dire qu'ils devront contenir, autant que possible, le *signalement* des condamnés ou inculpés.

(2) Les foyers de renseignemens ainsi disséminés sur toute l'étendue du territoire, rendraient les investigations à la fois *plus promptes* et *plus certaines ;* car le travail de recherche et d'envoi des renseignemens, qui est matériellement impossible, concentré à la préfecture de police, serait à peine sensible, distribué et partagé entre les greffiers de nos tribunaux d'arrondissement.

(3) Voir mon *Traité de la Récidive*, t. 1, p. 109 et suiv.

ou à avouer son vrai nom , ou à subir, comme délinquant *inconnu*, les légitimes sévérités de la justice.

Ainsi , non-seulement les tribunaux pourraient-ils désormais proportionner la peine au degré d'endurcissement constaté des coupables , mais ne verrions-nous plus le scandale de ces condamnations déplorables qui flétrissent, à l'insu du juge , le nom d'un citoyen honorable (1), ou qui , frappant des malfaiteurs sous le *pseudonyme* qu'ils se sont donnés, leur créent, de par l'autorité de la justice, un *état civil nouveau*, au moyen duquel, selon leur langue expressive , ils se trouvent faire *peau neuve;* en telle sorte que , réhabilités par là de leurs infamies passées, ils peuvent, en toute sécurité, rentrer dans la voie du crime, sans avoir à redouter la responsabilité des condamnations antérieures qu'ils ont encourues sous leur nom véritable.

A part ce premier résultat si précieux pour la bonne administration de la justice , notre système ne serait pas moins efficace pour l'arrestation de ces nombreux *contumaces* qui , chaque jour, se jouent effrontément des vains efforts de la police judiciaire (2).

---

(1) Ce n'est pas là une simple hypothèse. J'ai vu souvent de très-honnêtes citoyens, dont le nom s'est trouvé *flétri* et inscrit à toujours sur les sommiers du crime , parce qu'il avait plu à un malfaiteur adroit, de se couvrir de leur honorabilité, comme d'un manteau, pour détourner du nom de sa famille, la honte et l'infamie.

(2) Les statistiques criminelles constatent qu'un dixième des inculpés échappe par la fuite à l'action de la justice, et que si quelques-uns de ces contumaces finissent par se constituer ou par être découverts, ce n'est le plus souvent que long-temps après la date de leur délit ou de leur jugement, c'est-à-dire, alors que la prescription de l'action ou de la peine leur est acquise, ou alors que le temps a affacé contre eux les principales preuves du méfait (Voir le *Comp. de la Just. crim. de* 1845, p. 23.) Cette dernière vérité acquiert une évidence mathématique lorsque l'on voit que pour les *contumaces repris*, la proportion des acquittemens est

On sait que les contumaces sont, par leur position, voués à une vie errante et vagabonde. Ils ne parviennent, surtout dans les premiers temps de la poursuite, à échapper à l'œil vigilant de la justice, que par de perpétuels changemens de noms et de résidence; aussi est-il rare, qu'à raison même de l'un ou l'autre de ces subterfuges, ils ne se trouvent, sur quelque point du territoire, arrêtés faute de papiers, sous prévention de vagabondage, de rupture de ban, ou pour quelqu'autre délit.

Mais la justice, abusée par leur nom d'emprunt, ou ignorant leur état de contumace (1), est bientôt forcée de les relaxer, et, dans tous les cas, ne peut-elle prononcer contre eux que la peine légère afférente au délit qui a provoqué leur arrestation.

Ainsi arrive-t-il fréquemment que la justice du pays, dont l'action devrait être une et indivisible, rend elle-même à la liberté tel grand coupable que, dans d'autres lieux, cette même justice s'efforce vainement de rechercher sous prévention ou condamnation de vol, d'incendie ou d'assassinat (2)!...

---

de cinquante sur cent, tandis qu'elle n'est que de vingt-cinq sur cent à l'égard des autres inculpés. (Voir *Stat. crim. de* 1845, rapp. p. 23.)

Ce sont là des résultats affligeans pour la société. Ils encouragent le crime; ils affaiblissent l'intimidation préventive; enfin ils constatent une grave et évidente imperfection dans nos procédés actuels de recherche des inculpés.

Le système nouveau que nous proposons remédierait à ces divers inconvéniens.

(1) Il n'est pas de semaine où le hasard ne fasse découvrir, parmi nos détenus correctionnels, des contumaces étant sous le poids des inculpations ou des condamnations les plus graves.

(2) Ce mécompte si grave serait impossible, si, avant le jugement, l'*individualité* de tout inculpé était soigneusement vérifiée, et cela par une précaution fort simple : ce serait la réclamation et l'annexe au dossier de l'acte de naissance de tout inculpé non

Ces actes si regrettables d'impuissance judiciaire, ne seraient plus possibles sous l'empire du système que nous proposons.

La notice des mandats décernés ou des arrêts rendus, ayant dû être immédiatement transmise et classée au greffe de l'*arrondissement natal*, le ministère public du lieu de l'arrestation ne pourrait manquer, en y recourant, d'obtenir la note exacte des *poursuites* ou des *condamnations* dont cet inculpé aurait été jusqu'à ce jour l'objet (1).

Ainsi, dès que, pour une cause quelconque, et sur un point quelconque du territoire, un inculpé ou condamné *contumace* tomberait entre les mains de la justice, son *état criminel* serait aussitôt infailliblement découvert, et partant, la fuite cesserait d'être pour les malfaiteurs un moyen presqu'assuré d'impunité!

Et maintenant, si, indépendamment de ces *dépôts partiels*, formés au greffe de chaque arrondissement natal, on avait, comme je l'ai proposé, établi à la Préfecture de police, un vaste *dépôt central* de toutes les condamnations émanées des tribunaux, nous aurions désormais deux sources générales de renseignemens judiciaires; l'une cen-

---

parfaitement connu, acte dont les indications authentiques viendraient infailliblement confirmer ou contredire celles que cet inculpé aurait lui-même données sur ses noms, âge, lieu de naissance, ainsi que sur *les noms, prénoms et profession de ses père et mère*. (De la Récidive, t. 1, p. 110). — Il m'est arrivé nombre de fois, par ce moyen ou par d'autres analogues, de faire, en appel, restituer leur vrai nom, à des repris de justice, que les tribunaux d'arrondissement avaient condamnés, à leur insu, sous des noms d'emprunt.

(1) Aujourd'hui la mention des jugemens rendus ou des mandats décernés n'est inscrite sur les registres de la préfecture de police que long-temps, que souvent plusieurs années après leur date. Dans notre système, ces mentions seraient classées au greffe de l'arrondissement natal, *huit* jours au plus après la date de ces décisions.

tralisée à Paris, l'autre fractionnée entre nos 364 arrondissemens, sources également authentiques et infaillibles, se servant mutuellement de contrôle et de complément, auxquelles les tribunaux pourraient toujours et à leur gré recourir avec autant de confiance que de promptitude !

Dès alors les *inculpés* ne pourraient plus ni se soustraire aux actives recherches de la justice, ni dissimuler, devant elle, leurs antécédens ;

Dès alors, il ne serait plus possible aux *repris de justice* d'échapper, en se couvrant d'un faux nom, aux justes sévérités du Code pénal ;

Alors, la police judiciaire, étendant son invisible et inévitable main sur toutes les parties du territoire, pourrait partout et presqu'à coup sûr, saisir et arrêter l'infracteur des lois !

Alors enfin, la justice humaine pourrait, elle aussi, frapper chaque coupable *selon ses œuvres*, et augmenter ou diminuer la rigueur de ses châtimens, non-seulement suivant la gravité du méfait commis, mais encore suivant l'esprit de révolte ou d'obéissance qu'il aurait jusque là manifesté envers les lois du pays !...

Ce premier résultat, d'une importance si incontestable, ne serait-il pas déjà suffisant pour justifier surabondamment l'utilité de la mesure proposée ?

Mais je me hâte d'arriver à deux autres séries de résultats plus importans peut-être encore, s'il est possible, eu égard à nos nouvelles institutions politiques !

## II.

### DE LA LOCALISATION DES RENSEIGNEMENS JUDICIAIRES, AU POINT DE VUE DE LA PURETÉ DES LISTES ÉLECTORALES ET DU JURY.

Le fait éminent et caractéristique de notre révolution de février, est la reconnaissance du droit imprescriptible, qu'a tout citoyen de concourir au jugement de ses pairs et à l'administration des affaires du pays ; c'est la consécration du suffrage direct et universel, base de la véritable *égalité* civique !

Désormais, chacun de nous, *frank* ou *chétif* (1), comme disaient nos pères, c'est-à-dire riche ou pauvre, puissant ou faible, instruit ou ignorant, doit participer également et au même titre, au gouvernement de la *chose publique*.

Mais, comme tous les droits primordiaux, comme la liberté elle-même, l'égalité civique implique le respect des lois constitutives de l'ordre politique et social. Le voleur, le faussaire, l'assassin, ne sauraient être jamais, en politique non plus qu'en morale, les *égaux* des citoyens restés soumis aux lois du pays ! Ici, l'inégalité n'a plus rien d'arbitraire ; elle dérive de l'essence même des choses. Car, comment pourrait-on, sans une profonde aberration, confier le soin de nommer les législateurs et celui plus redoutable encore de décider de la vie ou de l'honneur des citoyens, à ceux qui ont violé d'une manière grave les

_________________________

(1) Dans les premiers siècles de notre histoire, le mot *frank* n'exprimait pas seulement la bravoure, la hardiesse, mais surtout *la richesse*, *le pouvoir*, *l'importance politique*; on l'opposait à *chétif*, qui signifiait alors, comme aujourd'hui, pauvre et faible. Témoin cet ancien vers sur Thibaut, comte de Chartres :

« De *frank* ne de *chétif* n'ot mercy ne pitié. »

lois pénales, à ceux dont les infractions ont troublé ou mis en péril la société?

Toute constitution républicaine doit donc établir une première et indispensable exception à l'exercice du droit universel de vote et de jugement. Elle doit écarter de l'urne électorale, et à plus forte raison du siège des jurés, tous ceux qui, par leurs méfaits, se sont eux-mêmes (1), temporairement ou à toujours, *dégradés* de ce beau titre de citoyen d'un pays libre.

Cette salutaire mesure a déjà été en partie réalisée.

« *Ne sont ni électeurs ni éligibles,* dit le décret du 5 mars dernier (2), *les individus privés ou suspendus de leurs droits civiques* (3). »

« Sont *incapables d'être jurés,* dit la loi du 7 août 1848 : 1.º ceux à qui l'exercice de tout ou partie de leurs droits politiques, civils et de famille, a été *interdit ;* 2.º les individus qui ont été condamnés, soit à des peines *afflictives* ou *infamantes,* soit à des peines *correctionnelles* pour faits qualifiés *crimes* par la loi, ou pour délit *de vol, escroquerie, abus de confiance, usure, attentat aux mœurs, vagabondage* ou *mendicité,* et ceux qui, à raison de tout autre délit, ont été condamnés à *plus d'un an* d'emprisonnement. »

S'il est vrai que ces exclusions soient radicales et essentielles, si elles importent au plus haut degré à la

---

(1) « *Non pœna sed factum infamat.* »

(2) Art. 6 et 7.

(3) « Ne sont ni électeurs, ni éligibles, disait le projet de constitution : 1.º les faillis non réabilités (26) ; 2.º les individus condamnés soit à des peines afflictives et infamantes, soit à des peines correctionnelles, pour faits qualifiés crimes par la loi, ou pour délits de vol, escroquerie, abus de confiance, et attentats aux mœurs. »

Cet article a été renvoyé à la loi organique sur les élections, qui devra préciser les cas d'incapacité ou d'indignité.

pureté (1) et à l'intégrité même du droit souverain de vote et de juridiction, il devient évident que les élections seraient viciées dans leur source, que l'œuvre de la justice criminelle perdrait toute dignité, toute autorité morale, si, malgré les formelles prohibitions de la loi, des hommes frappés d'indignité civique, se trouvaient *de fait* admis à *voter* et à *juger* à côté des citoyens jouissant de la plénitude de leurs droits.

Là, je ne crains pas de le dire, serait la plus grave, la plus mortelle des atteintes portées à la sincérité et à la durée des institutions républicaines!

Pour apprécier l'imminence de ce danger politique et social, il suffit de réfléchir au nombre considérable d'individus qui, depuis vingt-cinq à trente ans seulement, ont encouru parmi nous des condamnations emportant *incapacité politique* et, par suite, à la masse énorme des repris de justice qui, ainsi déchus de leurs droits, aux termes de la loi du 7 août dernier (2), se trouvent en ce

---

(1) « Le Gouvernement doit assurer la liberté et la *pureté* de l'élection, afin d'obtenir l'expression sincère du suffrage universel. » ( Min. de l'Intér., circ. du 2 nov. 1848.)

(2) Voici, d'après la dernière statistique criminelle publiée (1845), le nombre des condamnés (hommes) qui, d'après la loi du 7 août 1848, sont déclarés indignes des fonctions de jurés :

Condamnés par les cours d'assises à des peines infafamantes ou correctionnelles . . . . . . . . . . 5,543

Condamnés correctionnellement pour délit quelconque à plus d'une année d'emprisonnement . . . . . . . 6,814

Condamnés à des peines quelconques pour *vol, escroquerie, abus de confiance, usure, attentat aux mœurs, vagabondage* ou *mendicité*. . . . . . . . . . . . 27,076

TOTAL. . . . . 39,433

A quoi il faut ajouter les condamnés criminels et correctionnels des tribunaux *militaires, maritimes* et de l'*Algérie,* qu'on peut évaluer approximativement, par année, à. . . . . . . . . . . . . . . . . . . . . . . 1,000

on a ainsi un nombre annuel de condamnés de. . . . 40,433

moment confondus et disséminés dans les mille fractions du corps électoral !

Or, quand on songe à ces innombrables déchéances des droits civiques, quand on songe à l'extrême facilité qu'ont les condamnés de dissimuler leurs antécédens judiciaires, et alors surtout que le domicile politique est établi désormais par une simple résidence de six mois (1); qui oserait affirmer qu'à l'avenir, nous ne verrons pas, à l'insu et malgré les précautions de l'autorité locale, un grand nombre de repris de justice admis à voter dans nos réunions électorales, admis à siéger, comme jurés, dans le sanctuaire de la justice ?

N'est-il pas au contraire certain, si la prudente habileté de l'administration n'y met ordre, que partout les condamnés, pour mieux tromper l'opinion, s'empresseront d'usurper les droits que leur refuse la Constitution ; et que surtout dans les grandes villes comme *Paris*, *Lyon*, *Marseille*, *Bordeaux*, *Rouen*, dont l'attitude politique exerce une si puissante influence sur celle du reste de la France, qu'en un mot, dans tous les grands centres de population, où viennent toujours se cacher et se réunir les hommes de désordre, on verra, comme *électeurs* (2) et

---

Or, le chiffre de la criminalité étant à peu près le même chaque année, si l'on récapitule les condamnations, par exemple, depuis trente ans, on obtient un nombre total de UN MILLION,242,990 condamnés ; et en diminuant de moitié ce chiffre, pour faire la part probable de la mortalité, il restera encore plus de 600,000 citoyens actuellement déchus, d'après la loi, du droit d'être *jurés*.

(1) Décret du 5 mars dernier, sur les élections générales.

(2) Un nommé Mogas, signalé comme faisant partie d'une bande de voleurs fort dangereux, a été arrêté en flagrant délit et déposé au poste de la prison de Saint-Lazarre. Au milieu de la nuit, il s'est pendu à l'aide de sa cravate. Il avait sur lui une trentaine de francs, un trousseau de fausses clés et SA CARTE D'ÉLEC-TEUR !       (*Constitutionnel* du 24 novembre 1848).

comme *jurés*, se mêler aux citoyens honnêtes de nombreux repris de justice qui, avec l'ensemble, la discipline et l'audace violente qu'ils ont d'habitude, viendront fausser, viendront dominer peut-être le vote électoral et les décisions de la justice !

En présence de cette effrayante éventualité, n'est-il pas urgent que le Pouvoir lui-même, qui émane du suffrage universel, s'efforce de calmer à cet égard les légitimes appréhensions de la délicatesse nationale, en assurant d'une façon sérieuse l'observation de ces salutaires exclusions qui seules garantissent la pureté et l'honorabilité de l'exercice des droits civiques !

Mais en dehors de cette considération supérieure de convenance et de dignité sociales, il y a pour motiver l'exclusion absolue des jurés indignes, une de ces nécessité criantes et inflexibles devant lesquelles la sollicitude du pouvoir ne peut un seul instant reculer ; c'est qu'il y aurait cassation immédiate de tout verdict de culpabilité rendu par un jury au sein duquel se trouverait un juré frappé d'indignité civique.

La loi et la jurisprudence ont toujours été à cet égard d'une rigueur impitoyable (1).

Il faut donc, que sous peine d'annuler, chaque jour, dans sa base, l'œuvre de la justice répressive, l'administration sache pourvoir à la complète pureté des listes annuelles du jury.

---

(1) Il a constamment été jugé que la jouissance des droits civils et politiques est une condition essentielle et radicale de l'exercice des fonctions de juré ; et que dès-lors il y a lieu de CASSER l'arrêt de condamnation, si parmi les trente jurés nécessaires à la formation du tableau, et à plus forte raison parmi les douze jurés de jugement, il s'est trouvé un juré légalement *incapable* ou *indigne*. (Cass., 28 oct. 1824; 29 janv. 1825; 23 juil. 1825; 12 avril 1829; 9 mars et 26 avril 1838; 20 et 22 juin 1839, etc.

Ce n'est pas tout ; d'autres lois organiques prononcent des incapacités qu'il n'est pas moins important de maintenir.

Ainsi la loi du 22 mars 1831 repousse des rangs de la garde nationale, 1.º les condamnés à des peines afflictives ou infamantes ; 2.º les condamnés en police correctionnelle pour *vol, escroquerie, banqueroute simple, abus de confiance, attentat aux mœurs* (1) ;

Ainsi la loi du 21 mars 1832 déclare *indignes* de faire partie de l'armée, *à aucun titre*, 1.º les condamnés à des peines afflictives ou infamantes ; 2.º les condamnés correctionnels à deux ans d'emprisonnement au moins et qui auraient été placés sous la surveillance de la police et interdits des droits civils, civiques et de famille (2) ;

Ainsi la loi du 28 juin 1833, déclare *incapables* de tenir école, 1.º les condamnés à des peines afflictives ou infamantes ; 2.º les condamnés pour *vol, escroquerie, banqueroute, abus de confiance* ou *attentat aux mœurs* ; 3.º les individus *interdits* par jugement de tout ou partie de leurs droits de famille (3).

Enfin, une loi de notre première république, loi qui est restée immuable au milieu de tant de ruines législatives, veut que nul ne soit promu à des fonctions publiques, s'il *ne jouit de ses droits civiques* (4).

Il résulte donc forcément et de la consécration du suffrage universel, et des autres lois spéciales que j'ai rappelées, la nécessité d'organiser, sur tous les points du territoire, un mode simple et infaillible de découvrir les ANTÉCÉDENS JUDICIAIRES de tous les citoyens que leur âge appelle à l'exercice des droits politiques.

---

(1) Art. 13.

(2) Art. 2.

(3) Art. 5.

(4) Art. 11, *Const.* du 5 fruct. an 3.

Or, au milieu de cet immense mouvement de locomotion qui constitue en quelque sorte la vie des nations libres et industrielles, et qui emporte chaque année un tiers de la population loin de sa commune d'origine (1), je le demande, comment, alors qu'un citoyen résidant depuis six mois dans une commune, sera appelé à voter comme électeur, à siéger comme juré, à faire partie soit de l'armée, soit de la garde nationale, ou lorsqu'il se portera candidat aux diverses fonctions publiques que confèrent le peuple et le pouvoir, je le demande, comment l'autorité locale, comment le Gouvernement lui-même, vérifieront-ils si ce citoyen n'a pas été, n'importe à quelle époque, n'importe en quel lieu, l'objet d'une de ces décisions judiciaires qui suspendent ou enlèvent l'exercice des droits civiques?

Comment aura-t-on enfin la *certitude* que la loi ne le repousse pas comme *indigne* d'exercer une part quelconque de la puissance publique ?

Sommes-nous à cet égard armés d'un mode suffisant de surveillance et de vérification ?

Je sais que, par une sorte d'appréhension intuitive du grave danger que je viens de signaler, l'Assemblée nationale, dans son remarquable décret du 9 août dernier, s'est efforcée, en ce qui touche spécialement la composition du jury, d'assurer la pureté et l'honorabilité des *listes annuelles*, en attribuant leur confection à une commission *cantonale*, composée de délégués de toutes les communes, et en livrant ces listes au contrôle investigateur de l'opinion publique (2); mais en admettant que ces sages précautions, exclusivement applicables d'ailleurs au jury, puissent suffire à écarter des listes les individus notoirement *inaptes*

---

(1) La Statistique criminelle constate qu'un tiers des condamnés sont jugés dans un département autre que celui de leur origine. (Statist. de 1845, rapp. p. 15.)

(2) Art. 9 et suivans.

ou *indignes*, il est évident qu'elles ne pourront empêcher l'inscription, comme jurés, des citoyens dont l'*incapacité civique* résultera de condamnations ignorées de tous!

Je l'ai dit et je ne crains pas de le répéter, à l'heure qu'il est, de l'aveu même du Gouvernement (1), la police administrative ou judiciaire n'a aucun moyen certain de découvrir, *dans un temps donné*, les condamnations qu'a pu encourir un citoyen sur les divers points du territoire de la France et de l'Algérie.

Si j'émets cette grave affirmation, c'est que je puis immédiatement en offrir la preuve.

Supposons qu'un doute s'élève sur la capacité politique d'un citoyen, et que l'autorité locale veuille se renseigner; à qui s'adressera-t-elle?

Sera-ce au bureau des sommiers de la Préfecture de police?

Mais, nous l'avons vu, son organisation actuelle est radicalement incomplète et insuffisante. Et, en admettant que le Gouvernement voulût, d'après nos idées, généraliser son service et le rendre accessible à toutes les com-

---

(1) Le Gouvernement reconnaît lui-même l'extrême difficulté de constater les déchéances qui excluent les citoyens du droit d'être *électeurs* et *jurés* « Toutes ces déchéances, dit M. le Ministre de la Justice, reposent sur des faits judiciaires *qui* PEUVENT *ne pas parvenir exactement à la connaissance des maires;* ce n'est que par leur correspondance avec les Procureurs de la République, soit avec les juges de paix, qu'ils pourront se procurer à cet égard les renseignemens qui leur manquent. Vous devrez vous-même, Monsieur le Préfet, chercher par tous les moyens en votre pouvoir, à faciliter leurs investigations. » (Circ. du Min. de la Just. du 10 janv. 1848).

Ces prescriptions sont excellentes pour le cas où le citoyen inscrit aura été condamné dans le lieu de sa *résidence actuelle* ou dans le lieu de sa naissance; mais si comme il arrive le plus souvent, la condamnation a eu lieu *ailleurs*, elles n'aboutiraient à aucun résultat.

munes du territoire de la République, il est évident, quelle que put être la perfection de cette organisation nouvelle, que ce bureau *unique* serait matériellement impuissant à pourvoir à la fois et aux innombrables demandes de renseignemens que nécessite le service judiciaire du pays entier, et à celles plus innombrables encore qui résulteraient de l'exécution sérieuse des lois qui concernent l'exercice des droits politiques!

S'adressera-t-elle au maire de la dernière résidence?

— Mais, comment ce maire connaîtra-t-il les condamnations qu'aura pu encourir, sur un point quelconque du territoire, un individu *non originaire* de sa commune?

S'adressera-t-elle au maire du lieu de la naissance?

— Mais il ignore également les condamnations qui auront pu frapper des hommes dont la vie s'est écoulée jusque-là, loin de leur commune d'origine!

Comment donc faire et où donc recourir? Faudra-t-il, pour chaque citoyen soupçonné d'incapacité civique, faire compulser les greffes de tous les tribunaux repressifs du territoire?.... Cela est évidemment impraticable!

Toute la difficulté est donc dans l'impossibilité absolue où se trouve aujourd'hui l'autorité locale de découvrir, parmi nos nombreuses juridictions répressives, *celle* qui aura pu, à une époque indéterminée, prononcer contre tel citoyen donné, une condamnation emportant déchéance ou suspension des droits civiques.

Or, cette difficulté, restée jusqu'à ce jour insoluble, tombe et s'évanouit devant la simple mesure dont j'ai indiqué la formule.

En effet, l'autorité ne peut jamais ignorer le *lieu de naissance* de tout citoyen électeur, juré, soldat, garde national, ou candidat fonctionnaire, puisque chacun d'eux a dû justifier à la fois de son âge, de sa qualité de Français, par conséquent de *son acte de naissance.*

Ce seul renseignement est, dans mon système, le fil

conducteur qui doit, avec une infaillible certitude, mener à la découverte de toute condamnation encourue, n'importe en quel lieu, par le citoyen dont il s'agit de vérifier l'*état civique*.

On a vu que, dans ce système, toutes les condamnations prononcées auraient été converger et en quelque sorte se caser d'elles-mêmes au greffe du tribunal civil du *lieu de naissance* des condamnés.

Cela étant, dès qu'il s'agirait de vérifier la capacité civique d'un citoyen, il suffirait de s'adresser à ce foyer local et convenu de renseignemens, pour y obtenir, avec autant de facilité que de promptitude, la note exacte de toutes les condamnations applicables à l'individu désigné.

Ainsi désormais le pays, qui est si justement fier des droits nouveaux qu'il vient de conquérir, qui veut avant tout une république fondée sur les lois éternelles de l'honneur et de la morale, le pays n'aurait plus à craindre de voir parmi les électeurs, sur le siége des jurés, dans les rangs de la garde nationale et de l'armée, à la tête de ses écoles populaires, et peut-être au nombre des agens délégataires de la puissance publique (1), des hommes *indignes*, pré-

---

(1) Qui oserait affirmer, que parmi nos deux ou trois cent mille fonctionnaires de tout ordre, il ne se trouve pas un certain nombre d'individus déchus de leurs droits civiques!

Sans rappeler l'exemple de cet *ancien forçat* nommé *commissaire général de police*, dans un moment de perturbation politique et administrative, n'est-il pas constant qu'un sieur *marquis de Saint-Amand*, PAYEUR DE LA GUERRE à Médéah, décédé au mois de juillet dernier, a été reconnu pour n'être autre qu'un nommé VERNAY (Jérémie), évadé de la maison de justice de Montbrison, et précédemment condamné par contumace, le 17 juin 1845, à *vingt ans de travaux forcés,* par la cour d'assises de la Loire, pour *faux en écriture authentique?*

En présence de ce fait récent, le pays n'est-il pas en droit de réclamer des garanties sérieuses contre le retour de pareils scandales?...

cédemment flétris et dégradés par les solennels arrêts de la justice !

Et alors seulement, l'exercice souverain des droits civiques n'étant plus et ne pouvant plus être qu'entre les mains des citoyens légalement honnêtes (*integri statûs*), la République pourrait, s'appuyant avec confiance sur la base inébranlable du suffrage universel, marcher, en toute sécurité, vers les glorieuses destinées que lui promet l'avenir !...

# III.

## DE LA LOCALISATION DES RENSEIGNEMENS JUDICIAIRES, AU POINT DE VUE DE LA MORALISATION SOCIALE.

La République étant de tous les gouvernemens le plus *libre*, présuppose forcément un état très-avancé de lumières, de justice et de moralité.

Tant que les peuples sont en proie à l'ignorance, à l'injustice, à la corruption, la liberté ne peut luire pour eux ; il leur faut un maître (δεσπότης) qui, de sa main de fer, les contienne et les dirige.

Dès qu'ils sont parvenus au développement normal de leur intelligence et de leur raison, dès qu'ils se sont élevés à ce degré de vraie civilisation, que j'appellerai leur âge de maturité, quand enfin ils sont dignes d'être *libres*, *égaux* et *frères;* alors seulement ils peuvent s'administrer *eux-mêmes;* alors ils peuvent avec assurance se constituer en République.

C'est dans ce sens que les publicistes s'accordent à dire que la Vertu est le fondement du gouvernement républicain (1).

C'est aussi comme consécration de cette vérité que nos législateurs actuels avaient, à l'exemple de nos pères (2), inscrit au frontispice de leur projet de constitution cette sublime formule de tous les devoirs sociaux :

« *Ne fais pas à autrui ce que tu ne voudrais pas qu'on te fît à toi-même.* »

--------------------------------------------------------

(1) Platon, Montesquieu, Mably, de Sismondi, de Tocqueville, etc.

(2) Déclarat. des droits de l'homme et du citoyen du 5 fruct. an III.

Donc, si nous voulons que la République ne soit pas pour nous un vain mot, si nous voulons qu'elle soit stable et durable à jamais, il faut que tous les décrets de la législation, que tous les actes du pouvoir exécutif, tendent incessamment à relever parmi nous le niveau de la *moralité sociale* (1)!

A cette rigoureuse et radicale condition (2), la République sera le plus noble, le plus populaire, le plus durable des gouvernemens!

Or, indépendamment des deux graves résultats que j'ai déjà signalés, je dis que la concentration, au greffe de chaque arrondissement *natal*, de *toutes* les condamnations encourues par les citoyens, pourrait encore merveilleusement concourir à cette œuvre généreuse de *moralisation* qui est, je le répète, le plus impérieux devoir du gouvernement démocratique.

En effet, si nous recherchons les influences diverses qui retiennent l'homme dans les habitudes d'honnêteté et d'obéissance aux lois, nous trouvons en première ligne : *le patronage et la surveillance de la famille ; le respect affectueux que l'on porte au nom de ses pères ; enfin le besoin de la considération publique.*

Notre système rendrait à ces salutaires influences, toute leur portée moralisatrice.

Et d'abord, la parenté formant entre les membres d'une même famille des liens d'affection, de surveillance, de solidarité réciproques, il en résulte que chaque famille a charge d'exercer sur ses membres un patronage alternatif

---

(1) *Voir* le 1.ᵉʳ paragraphe de la Constitution de 1848.

(2) Tout peuple corrompu n'a d'autre alternative à espérer que l'anarchie ou le despotisme ; *la liberté* est l'appanage exclusif de la vertu (Platon).

— *Libertatem illis promittentes, cum ipsi servi sint corruptionis, à quâ enim qui superatus est, servus est.* (Petr., ép. 11. Joann. ép. 8).

de bienveillance et d'intimidation (1) dont l'invisible action peut fortement contribuer à prévenir l'infraction aux lois.

Ce n'est qu'après avoir accompli cette double tâche, qu'il est permis aux familles de s'énorgueillir justement des citoyens honorables auxquels elles ont donné naissance et de gémir sans honte des crimes de leurs enfans, restés sourds aux admonitions de l'autorité paternelle.

Mais, en dehors même de cette influence tutélaire et comminatoire, il y a, dans le seul entourage de la famille, dans les rapports obligés de la parenté, dans les souvenirs héréditaires, dans cette vie qui s'écoule au sein du pays *natal*, près de nos amis d'enfance, en présence de nos magistrats locaux, je ne sais quelle incitation mystérieuse, qui nous retient malgré nous dans la voie du devoir et de la vertu !

Aussi l'expérience prouve-t-elle que les hommes ne se conduisent jamais mieux que sous le regard protecteur de leur famille et de leurs concitoyens !

C'est précisément parce qu'il y a là une incontestable force de discipline que tous les jeunes gens vicieux ont hâte de quitter *leur pays*, afin d'être *plus libres*, afin de soustraire ainsi leur inconduite et leurs écarts à l'inévitable frein de cette contrainte locale.

D'une autre part, n'est-ce pas aussi malheureusement en vue d'échapper à ces pieuses obligations de la surveillance paternelle, que tant de familles s'empressent d'éloigner d'elles leurs *mauvais sujets*, afin de n'avoir plus à redouter ni le scandale, ni la responsabilité morale de leurs méfaits ; que souvent même elles consentent à assoupir de graves délits, à la condition que le coupable ira,

---

(2) C'est comme conséquence de cette obligation que la loi confère au père de famille la puissance paternelle, et qu'elle le rend civilement *responsable* de tous les dommages causés par les enfans qui habitent avec lui. —(Art. 1384, C. civ. et 74 C. pén.).

suivant l'expression consacrée, *se faire pendre ailleurs*, c'est-à-dire loin de la commune qui l'a vu naître, loin de la famille qu'il pourrait déshonorer !

Or, ces sortes de migrations, si favorables au développement des mauvais instincts, manqueraient en partie leur but, s'il devenait désormais notoire pour tous, que chaque méfait commis par ces enfans perdus, déserteurs volontaires ou forcés du foyer domestique, viendra infailliblement retentir au berceau de la famille ; que chaque condamnation encourue par eux, fût-ce à l'autre extrémité de la France, au lieu de rester obscurément enfouis dans les archives du Gouvernement, viendra se graver en caractères infamans, au greffe de l'arrondissement *natal*, et y troubler l'égoïste repos de ceux qui n'auront pas craint d'abdiquer ainsi leurs plus saints devoirs de tutelle et de surveillance.

Ou je m'abuse, ou j'imagine que cette grave appréhension, frappant directement l'intérêt et l'honneur des familles, rendrait à leur sollicitude l'efficace influence qu'elle peut et doit exercer sur la prévention des crimes!

Je vais plus loin, je dis que les malfaiteurs eux-mêmes se sentiraient retenus par la crainte de cette publicité *locale* de leurs méfaits.

Prenez tel homme que ses habitudes perverses poussent en aveugle sur la pente de l'infraction ; parlez-lui de son père, de sa mère, de ses enfans qu'il a abandonnés ; dites-lui qu'il va les déshonorer; dites-lui que la condamnation qui l'attend, sera affichée (1) au lieu qu'ils habitent, au

---

(1) Le célèbre Code pénal de Sardaigne, promulgué en 1770 par Charles-Emmanuel, avait prescrit cet énergique moyen d'intimidation envers les *banqueroutiers*. Leur nom restait *affiché* sur un tableau d'infamie, au greffe du consulat de leur domicile. « *I fallati dolosi Saranno notati perpetuamentè d'infamia, et descritti cosi in unâ tabellâ, la quale si serra semprè appesa nella segreteria del consolato.* » (Art. 6, tit. 16, liv. 2.)

lieu où sont les souvenirs de sa famille, où reposent les cendres de ses ancêtres ; croyez-moi, si cet homme n'en est pas arrivé à ce terme extrême de dégradation qui est la mort morale, croyez qu'il hésitera, qu'il s'arrêtera peut-être, pour rentrer bientôt dans le droit et facile sentier de l'obéissance aux lois !

Ce n'est pas là une illusion généreuse, c'est un fait d'expérience physiologique.

On a remarqué qu'un des derniers scrupules honnêtes qui survivent dans l'âme des malfaiteurs, est la crainte de *déshonorer* leur famille !

Ce sentiment est si vivace, si indestructible dans le cœur de l'homme, que souvent on l'a vu, se relevant avec énergie en présence de l'échafaud, l'emporter alors sur la juste crainte du supplice !

Interrogez à cet égard les aumôniers de nos prisons, ces pieux satellites qui vont, en priant, conduire jusqu'au tribunal de Dieu, les grands coupables que frappe la justice humaine, tous vous diront que beaucoup d'entre ces malfaiteurs pensent moins à leur propre sort, qu'à l'affreuse douleur que causera à leur famille l'annonce de leur crime ou de leur châtiment !

« Je meurs content, disait un condamné ; car puisqu'on ne sait pas mon vrai nom, *ma famille ne sera pas déshonorée* (1) ! »

« Je ne demande qu'une grâce, disait un autre, c'est qu'*on cache et mon crime et ma mort* HONTEUSE *à ma vieille mère* (2) ! »

Un autre enfin s'écriait : « O mon père ! ô ma mère ! ô

---

(1) *Gazette des Trib.* du 6 novembre 1838, compte rendu de l'exécution du nommé O....., condamné par la cour d'assises de la Charente, pour crime d'assassinat.

(2) *Journal de l'Ain* du 8 septembre 1839, compte rendu de l'exécution du nommé P....., condamné par la cour d'assises de l'Ain, pour crime d'assassinat sur sa femme.

mes enfans? *quel* DÉSHONNEUR *pour vous!* Mille morts pour moi, s'il était possible; mais *par pitié pour vous, qu'on ne me fasse pas mourir* À VOTRE PORTE *sur un échafaud* (1)! »

Tel est le cri suprême qui, en face de l'Éternité, s'échappe du cœur des condamnés!

Or, si nous trouvons dans les hommes qui ont atteint aux dernières limites du crime, ces touchans retours au culte des affections et du respect de la famille, ne doit-il pas paraître évident que parmi la foule vulgaire de moindres coupables, dont la plupart achèvent de se perdre loin de leur commune d'origine, beaucoup seraient arrêtés dans leurs désordres, s'ils avaient sans cesse devant les yeux cette intimidante certitude qu'à l'avenir, chacun de leurs méfaits ira immédiatement s'inscrire au lieu de leur *naissance,* et d'y entacher à toujours le nom et l'honneur de leur famille? (2)

Mais, abstraction faite des déductions qui précèdent, la localisation des renseignemens judiciaires aurait encore cet avantage, qu'elle ferait tourner au profit de la moralisation sociale l'une de nos plus ardentes passions: *le besoin de la considération publique.*

Dans tous les temps, la considération publique a été l'un des biens les plus précieux de l'homme; et si jamais ce bien doit acquérir son *maximum* de valeur réelle, c'est à coup sûr sous l'empire de la souveraineté populaire, sous le régime du suffrage universel, parce qu'il devient

---

(1) *Journal des Débats* du 6 janvier 1841, compte rendu de l'exécution du nommé B......., condamné par arrêt de la cour d'assises du Doubs du 3 novembre 1840, pour crime d'assassinat.
— On pourrait multiplier à l'infini ces citations.

(2) « Eh! ne sera-ce pas déjà un immense résultat *moral*, que « la crainte inspirée à l'homme sur le point de commettre une « faute, de voir son nom figurer sur les fastes de la honte et du « crime! » (Disc. de l'orateur du gouvern. Exposé des motifs du Code Impérial de 1808).

alors la source de toute influence, de toute élévation, de
tout pouvoir.

C'est pour cela qu'on nous voit tous, tant que nous
sommes, bons ou mauvais citoyens, hommes honnêtes
ou pervertis, si ardemment rechercher l'estime de l'opinion, avec cette seule différence, que les uns veulent l'*acquérir*, les autres l'*usurper* : les uns par le travail et la
vertu, les autres à force d'habileté et d'hypocrisie !

Or, si nous voulons enfin le règne de l'honneur et de
la probité, il faut que nous exigions de tout citoyen qui
aspire à la considération publique, non plus seulement
comme en 92, un certificat de *civisme*, mais un certificat
d'*honorabilité ;* et partant, il faut qu'à l'aide d'un rapide
et infaillible procédé, nous puissions, le cas échéant,
vérifier d'un seul coup d'œil, *la vie passée* de chaque citoyen : car là est la seule garantie sérieuse de sa moralité.

Cela étant, comprend-on quel puissant ferment de moralisation l'on répandrait dans le pays, le jour où le pouvoir, s'adressant à tous les citoyens, leur dirait :

« Gardez-vous d'enfreindre les lois pénales, car, à l'avenir, aucun condamné ne pourra, quoiqu'il fasse, échapper
à la responsabilité de ses antécédens ; chacun d'eux, en
quelque lieu lointain qu'il ait transporté sa résidence, verra
sans cesse se dresser devant lui, son extrait de condamnation, comme un témoin révélateur de sa vie passée, et par
conséquent, nul citoyen, une fois flétri par la justice, ne
pourra plus jamais aspirer à cette précieuse considération
sans laquelle il n'y a parmi nous que misère, répulsion et
ilotisme ?... »

A Dieu ne plaise que, par là, nous prétendions im-
pitoyablement signaler à la méfiance publique, attacher
au pilori de l'opinion tous ceux qui, après avoir enfreint
la loi, auront payé leur dette à l'expiation ! non, sans
doute ; tant qu'ils resteront dans l'attitude passive et ré-
signée qui leur convient, l'esprit de fraternité ordonne

qu'on respecte leur malheur, qu'on vienne en aide à leur
repentir ! mais si, voulant usurper les droits et les attri-
butions dont leur délit les a rendus indignes, ils osaient
se présenter au forum ; s'ils osaient approcher de l'urne
électorale ou monter sur le siége du juge ; s'ils osaient se
mêler furtivement dans les rangs de nos braves soldats, de
nos généreux citoyens défenseurs de l'ordre et des lois ; si
surtout ils osaient venir dans nos clubs prêcher la révolte
ou l'anarchie, je veux qu'alors l'autorité, fixant sur eux
son œil sévère, leur fasse comprendre qu'elle connaît leur
secret, quelle a sous sa main leur exacte biographie, et
qu'ainsi avertis, ils rentrent aussitôt dans le silence et
l'obscurité dont ils n'auraient jamais dû sortir.

Présentez-vous à l'émeute, et dites à l'un de ses chefs :
« retire-toi, je te connais, tu es indigne d'élever la voix
comme citoyen, car tu es un *repris de justice !* » Vous le
verrez aussitôt, comme je l'ai vu de mes propres yeux,
se déconcerter, abjurer son audace, et sous un murmure
unanime d'improbation, se perdre dans la foule et dis-
paraître.

N'est-il pas évident, que si durant nos dernières agita-
tions politiques, lors de ces grèves formidables des ateliers
nationaux ou particuliers, lors de ces nombreuses ten-
tatives de désordre qui ont si profondément ébranlé la
prospérité du pays, le pouvoir eût pu, parmi les me-
neurs de ces troubles, découvrir et signaler tout repris de
justice, chacun d'eux aurait été sur-le-champ repoussé
avec indignation par la partie honnête de ces populations
égarées ?

N'est-il pas évident encore que cette certitude d'être
partout et presqu'à l'instant démasqués, dès que, par leur
turbulence, ils auraient provoqué l'attention de l'autorité, serait, pour nos nombreux *libérés*, la plus puissante excitation à une conduite laborieuse et honorable ?

Ainsi, par l'effet de cette seule mesure de prévoyance,

on aurait d'avance enlevé à l'insurrection ses plus dangereux auxiliaires, et l'on serait parvenu à *moraliser* ou, dans tous les cas, à *contenir* la partie d'ordinaire la plus remuante et la plus redoutable de la population.

D'un élément actuel de troubles et de désordres, on aurait fait un élément d'ordre et de pacification !

Qu'arrive-t-il au contraire dans l'état présent des choses ?

Je le dis à regret, il n'est pas d'homme précédemment frappé par la justice qui ne puisse, en se *dépaysant* (1), en affectant les dehors de l'honnêteté, du patriotisme, du dévouement aux intérêts populaires, qui ne puisse, dis-je, protégé par l'impénétrable obscurité qui voile ses antécédens, surprendre, à un jour donné, la confiance du pouvoir ou celle des citoyens.

Or, peut-on nier qu'il n'y ait dans l'extrême facilité ou même dans le seul espoir de ces frauduleuses réhabilitations, un funeste et incessant encouragement au crime?...

En vain me dira-t-on que, par nos temps d'inévitable publicité, il est difficile qu'un libéré de justice, ainsi affublé d'une fausse honorabilité, ne finisse pas tôt ou tard par être reconnu ou signalé !

— *Tôt ou tard !* oui, peut-être; mais n'apercevez-vous pas, même dans ces erreurs momentanées du pouvoir et de l'opinion, un immense danger social, une source fatale de scandales et d'irréparables dommages ?

Admettez, comme malheureusement on l'a vu (2), qu'à force d'intrigue et d'habileté, un homme judiciairement

----

(1) Si, comme nous l'avons vu, le nombre des individus condamnés *hors de leur département d'origine*, est déjà si considérable, bien plus considérable encore est le nombre de ceux qui, après leur peine subie, vont se fixer dans un département autre que celui de la condamnation.

(2) Voyez la note page 26.

flétri soit parvenu à obtenir l'investiture d'une fonction publique, comment effacerez-vous la trace contaminée que son passage aura laissé dans les voies de sa puissance nationale?

Admettez, comme il arrive si souvent, qu'il ait pu, sous la livrée du serviteur, sous la blouse de l'ouvrier, ou à tout autre titre, pénétrer dans l'intimité d'une honnête famille, quel remède apporter aux méfaits nouveaux dont il aura ainsi trouvé l'occasion, ou à l'abus abominable qu'il aura pu faire de cette confiance usurpée (1)? Si vous voulez ne pas étouffer dans le cœur des citoyens ces généreux élans d'estime et de confiance mutuelles, si naturels, si nécessaires sous le règne de la fraternité démocratique, ne faut-il pas au moins que la haute prévoyance de la société fournisse, soit au pouvoir lui-même, soit aux citoyens, une sérieuse sauvegarde contre les criminelles menées de la ruse et de l'hypocrisie?

---

(1) Il arrive chaque jour que des familles sont victimes de la confiance qu'à leur insu et sans avoir pu s'en défendre, elles ont mises dans des repris de justice.

On pourrait en citer de nombreux exemples, je me contente des deux suivans :

Une vieille dame accueille chez elle, par charité, une pauvre femme qui paraissait, d'après les certificats de *bonne vie et mœurs* de sa commune *d'origine*, offrir toutes garanties de moralité; cette malheureuse profite de l'absence de sa bienfaitrice pour lui soustraire des valeurs importantes. — C'était une libérée récemment sortie d'une *maison de réclusion!*

D'honnêtes cultivateurs du département de la Marne, consentent, sur la foi des renseignemens provenant du lieu de la *naissance*, à donner leur fille unique à un ouvrier, domicilié depuis deux ans dans leur commune, et dont la conduite paraissait exemplaire; le mariage est conclu, et bientôt après le gendre est arrêté par la gendarmerie. — C'était un *réclusionnaire évadé!*

Ces déplorables mécomptes seraient impossibles sous l'empire de notre système. Un simple certificat négatif émané du greffe de l'arrondissement natal suffirait pour lever tous les doutes au sujet de l'honorabilité antérieure de chaque habitant du territoire.

Cette indispensable sauvegarde, vous la trouvez tout entière dans la mesure que j'ai signalée.

Grâce à elle il ne serait plus à l'avenir possible à aucun libéré de tromper jamais ni la confiance du pouvoir (1), ni celle des citoyens.

Enfin, je ferai remarquer, en terminant, que la localisation au greffe de l'arrondissement natal de toutes les condamnations encourues, en quelque lieu que ce soit, par les citoyens *originaires* de cet arrondissement, permettrait de constater au vrai l'exact *contingent* que chaque circonscription administrative du territoire, fournit annuellement à ce bilan criminel du pays. C'est assez dire qu'une telle série de documens statistiques, qui, jusqu'à ce jour, ont manqué à la science pénale, offrirait la plus féconde, la plus intéressante matière d'observations aux travaux des législateurs et des publicistes!

---

(1) Ce système, une fois établi, aucun citoyen ne devrait plus pouvoir être admis comme candidat aux fonctions publiques, sans avoir annexé à sa demande un certificat du greffe de son arrondissement natal, constatant qu'il n'a *nulle part* subi de condamnation pour infraction aux lois pénales.

## IV.

RÉSUMÉ ET CONCLUSION DES CONSIDÉRATIONS PRÉCÉDENTES.

Je me résume et je dis :

— Pour que la répression soit conforme aux règles éternelles de la justice distributive, pour qu'elle soit efficace et préventive, il faut que la peine puisse être exactement proportionnée au degré relatif de perversité et d'endurcissement des délinquans ;
Or, nous n'avons en ce moment aucun moyen *certain* de connaître si tel coupable a déjà enfreint la loi et reçu une première correction de la justice.

— Nos lois actuelles refusent absolument le droit de voter, de juger, de faire partie de l'armée ou de la garde nationale, d'exercer une part quelconque de la puissance publique, à tous ceux qui, par suite de certaines condamnations, ont encouru l'*indignité civique*.
Or, nous n'avons en ce moment aucun moyen *certain* de reconnaître parmi les électeurs, parmi les jurés, dans les rangs de la garde nationale et de l'armée, dans l'innombrable multitude de nos fonctionnaires, ceux qui ont encouru la déchéance des droits politiques.

— Enfin, sous le Gouvernement républicain, qui a pour base radicale la vertu, pour souveraine, l'opinion, pour sauvegarde, l'honorabilité de tous les délégataires du pouvoir, il faut, à tout prix, dans le double intérêt de la moralisation et de la sécurité sociale, que jamais il ne soit possible à un *repris de justice* d'obtenir, de la religion trompée du pouvoir ou des citoyens, les témoignages de considération et de confiance qui doivent être la récompense exclusive de la vertu.

Or, à cette heure, nous n'avons aucun moyen *certain* d'empêcher qu'un malfaiteur, jadis flétri, puisse, au grand scandale de la morale, au grand préjudice de la société, frauduleusement usurper les droits et les prérogatives de l'homme de bien !

Il y a là, vous le voyez, trois graves nécessités politiques et sociales, auxquelles il nous paraît urgent de pourvoir, et qui appellent toute la sollicitude du Gouvernement républicain.

J'ai osé, pour y satisfaire, indiquer une mesure aussi simple en elle-même, aussi facile d'exécution, qu'elle serait infaillible dans ses résultats.

Puisse ce système, fruit de longues méditations, et puisé aux sources vives de la pratique, trouver, auprès des hommes sérieux, l'attention bienveillante que réclament, aujourd'hui plus que jamais, toutes les pensées d'ordre et de vrai progrès !

Versailles.— Dufaure, Impr. de la Préfecture, des Tribunaux, rue de la Paroisse, 21.